手間ゼロなのに
褒められ確定

全人類ウケ

沼落ち
レシピ

双松桃子

簡単！ やみつき！ 「沼落ちレシピ」とは？

世の中には、たくさんのレシピ本がありますよね。
師匠のリュウジさんをはじめ、
SNS発の料理家さんの本もたくさん出版されていますが……。

そんな中でも、私のレシピが「ここだけは自信を持てる」
って自負しているのは

味！

一度食べたらやみつきになる、たまらん！
味つけが私のレシピの特徴です。
作った自分を褒めたくなる、
手が止まらないおいしさはまさに「沼」！
やる気が出ない〜！　でもおいしいごはんが食べたい！
そんな日に、
難しい手順や特別な材料は一切なしで簡単に作れちゃう。
なのに、確実にワンランク上の味に仕上がる！
胃袋がきゅんとする「簡単やみつきレシピ」を
毎日のごはんから、家飲みのおつまみ、おもてなしまで
120品も紹介していきます。
これ一冊あれば、献立にはもう困りません！

気負わず、楽しく、お料理していきましょう♪

コレさえあれば、やみつき確定！
沼らせ調味料

やみつきの秘密は、こっそり仕込む「隠し味」。
私はいろいろ試して、銘柄までこだわって買いそろえています。
ひと味工夫するのに、買っておくと便利な調味料を伝授！

Ⓐ めんつゆ（3倍濃縮）
だしをきかせたいとき、味の決め手に。私のおすすめは、にんべんの「つゆの素」。

Ⓑ かつお節
風味を出したり、トッピングにしたり…使い方いろいろ！

Ⓒ 顆粒和風だし
だしの香りでベースを整えるときに使用。味の素の「ほんだし」がおすすめ。

Ⓓ オイスターソース
コクを出したり、隠し味に使える！ 私は「クックドゥ」のオイスターソースを愛用。

Ⓔ コチュジャン
甘辛さでこくとうまみが出せる！

Ⓕ 鶏ガラスープの素
味のベースに多用。味の素の「丸鶏がらスープ」は必携品。

Ⓖ にんにく
パンチをきかせるだけじゃなく、意外と隠し味にも使えちゃう！

Ⓗ しょうが
刻んだり、せん切りにしたりして多用。しゃきしゃき感を活かしたレシピもおいしい♪

「味＋ビジュアル」でさらに沼らせる！
最強トッピング**7**選

お料理をさらにおいしくするためには、トッピングも超重要！
見た目が一瞬で格上げされて味のアクセントにもなる
"沼落ち食材"をご紹介。

ブロッコリースプラウト

刻みのり

糸とうがらし

レモン

青ねぎ

いりごま

パセリ

この本の使い方

Momoko's comment
料理のおいしいポイントを熱弁。「作ってみたい」気持ちを後押し！

沼落ちPOINT
沼落ちに仕上げるためのコツや欠かせない材料をピックアップ。これをおさえれば、いつもの料理レベルが格段に上がります。

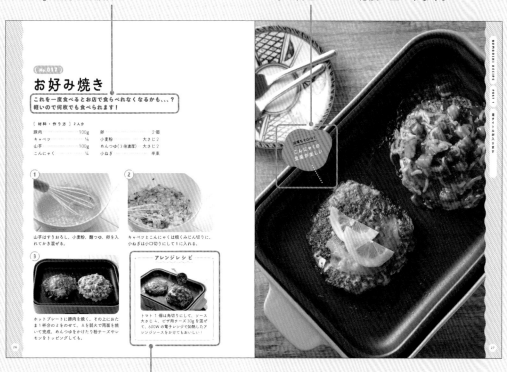

MEMO
アレンジレシピや作り方のコツなど、さらにおいしくするためのヒントを紹介。

- 大さじ1は15cc、小さじ1は5cc、1カップは200ccです。
- しょうがやにんにくの「一片」は指の先くらいの大きさを目安にしています。
- 野菜類は洗う、皮をむく、へたを取るなどの工程は省いています。
- 家庭用コンロ、IHヒーター等の機種によって火力、出力が異なる場合があります。
- 加熱時間はあくまで目安です。様子を見て加減してください。

- 電子レンジの加熱時間は600Wの場合の目安です。500Wの場合は1.2倍にして調整してください。
- トースターの加熱時間は1000Wの場合の目安です。機種により異なることがありますので調整してください。
- 炊飯器は3合炊きを使用しています（メーカーによって、仕上がりに若干差が出る場合があります）。
- 完成品にある付け合わせなどは材料に含まれていないものもあります。

CONTENTS

CONTENTS

PART
4

頑張れない日でもラクうま!
一品ごはん
の沼

STAFF

スタイリング…宗像里菜
調理アシスタント…戎 昌毅、出口亜梨沙、
　　　　　　　　　双松広美、ゆりぴー
撮影…武井里香、武井優美
装丁…細山田光宣、木寺 梓
　　　（細山田デザイン事務所）
DTP…横村 葵
校正…聚珍社
企画…杉浦麻子（KADOKAWA）
編集…吉原彩乃、水本晶子

隠し味、盛りつけポイント、
時短術など一生使える
料理テクをたっぷり
詰め込みました!

PART

お肉もお魚も
がっつり!

人気おかずの沼

ハンバーグや唐揚げ、魚の煮つけなど、
「よし、がんばるぞ」となりがちなものも、
このレシピなら気楽に作れるはず!
定番メニューも"ひと味工夫"で
沼落ちレシピに早変わりします。

肉

(No.001)

甘酢おろしチキン

揚げ物だけど油が少ないから軽い！

[材料・作り方] 2人分

鶏もも肉	1枚
酒	大さじ1
塩・こしょう	適量
片栗粉	適量
サラダ油	大さじ3

A しょうゆ	大さじ1強
みりん	大さじ1
酒	大さじ1
酢	大さじ1
砂糖	小さじ2

【トッピング】

大根おろし	お好みの量
小ねぎ	お好みの量

①

鶏肉は数か所にフォークを刺して穴をあけ、酒・塩こしょうを振りかけて10分ほどおく。片栗粉を全体にまぶす。

②

フライパンに油をひき、弱火で皮目から揚げ焼きにする。片面がきつね色になったら裏返し、ふたをしてこんがり焼く。

③

火を止め、キッチンペーパーで余分な油をとり、Aを回しかける。再び火をつけて、鶏肉にスプーンで残りのタレをかけながら煮る。タレにとろみが出たら、お皿に盛る。

④

食べやすい大きさに切る。大根おろしをたっぷりのせ、タレを回しかけ、お好みで小ねぎを散らして完成。

沼落ちPOINT

少ない油で
罪悪感ゼロ!

煮込みハンバーグ

ワンパンでできて、肉汁止まらん！　アツアツで食べたい一品。
家にある調味料だけで本格デミグラスソースが完成。

[材料・作り方] 2人分

合いびき肉	200g	A 卵	1個	B 水	200cc
玉ねぎ	¼個	パン粉	大さじ3	ケチャップ	大さじ4
しめじ	50g	水	大さじ2	ウスターソース	大さじ4
サラダ油	少量	にんにく（すりおろし）	1片	バター	10g
				コンソメ	小さじ1
				みそ	小さじ1

① 玉ねぎはみじん切りにする。ボウルに合いびき肉と玉ねぎ、**A**を入れて、白っぽくなるまでしっかりこねる。

② フライパンにサラダ油をひき、**1**を写真のように成形して並べ、中火で焼き目がつくまで両面をしっかり焼く。

③ 火を止めて、しめじと**B**を入れる。

④ 中火で10分ほど煮込んで完成。付け合わせに、ゆでたにんじんやブロッコリー、バゲットを添える。

沼落ちPOINT

ソースに深みと
コクを出す
みそが隠し味！

PART 1

お肉もお魚もがっつり！ 人気おかずの沼【肉】

旨辛トリチリ

もう私はトリチリ派……。エビチリを超える味。
何にからめても絶品になるチリソースの黄金比が決め手。

[材料・作り方] 2人分

鶏むね肉	1枚	ごま油	大さじ2	A 水 ……… 100cc
酒	大さじ1	長ねぎ	1本	ケチャップ ……… 大さじ4
片栗粉	適量	にんにく	1片	鶏ガラスープの素 … 小さじ2
サラダ油	適量			砂糖 ……… 小さじ2
				オイスターソース … 小さじ1
				豆板醤 ……… 小さじ1

① 鶏肉は一口サイズにそぎ切りにし、酒を振りかけてフォークで刺す。片栗粉をまぶす。

② フライパンにサラダ油を2cmほど入れて熱し、弱火で1をきつね色になるまで揚げる。器にうつしておく。

③ フライパンにごま油を熱し、みじん切りにしたにんにくを弱火で炒める。香りが出てきたらAを入れる。

④ 3がグツグツしてきたら刻んだ長ねぎと2を入れ、とろみが出るまで加熱して完成。あれば糸とうがらしをのせる。

沼落ちPOINT
えびを使わないのに
おいしい鶏むね肉の
節約レシピ！

沼落ちPOINT

ピーマンを
氷水につけて
パリパリに！

(No.004) # 肉みそパリピ

酒飲み専用のパリパリピーマン。
昔、バイト先の試作で出したら店長大絶賛でメニュー化されました（笑）。

[材料・作り方] 2人分

豚ひき肉	200g	**A** みそ	大さじ1
ピーマン	4個	酒	大さじ1
塩・こしょう	適量	みりん	大さじ1
にんにく	1片	砂糖	大さじ1
山椒	適量	オイスターソース	小さじ1
サラダ油	少量	豆板醤	小さじ½

①

ピーマンを半分にカットし、氷水で冷やす。

②

フライパンに油をひき、豚ひき肉と塩・こしょうを入れて炒める。火が通ったらすりおろしたにんにくと**A**を入れ、水分がなくなるまで炒める。

③

ピーマンに**2**をのせ、山椒をかけて完成。

(No.005) # 冷製豚キムチ

酒飲みな友達から大褒めされたよ！
サンチュや韓国のりとも相性めちゃいい！

[材料・作り方] 2人分

豚バラ薄切り肉	200g
水	500cc
酒	大さじ1
片栗粉	大さじ1

A
キムチ	100g
コチュジャン	大さじ1
焼肉のタレ	小さじ1
大葉	3枚
ごま油	適量

【トッピング】
サンチュ	適量
韓国のり	適量

① フライパンに水、酒、片栗粉を入れ、弱火でとろみがつくまで混ぜながら加熱する。

② 1に豚肉を入れ、ごく弱火で加熱する。火が通ったら豚肉を冷水に入れる。

③ 豚肉の水気をきり、Aとみじん切りにした大葉、ごま油ひと回し分を混ぜ合わせて完成。サンチュと韓国のり、あれば糸とうがらしを添えて。

沼落ちPOINT
新感覚！
炒めない豚キムチ

沼落ちPOINT
じゃがいも入りの
衣でサクサク〜

（No.006） 無限クランキーチキン

冷めてもおいしい！ サクサク無限に食べられる。

[材料・作り方] 2人分

鶏むね肉	1枚
じゃがいも	1個(120g)
片栗粉	大さじ3
パン粉	大さじ3
サラダ油	適量

A 粉チーズ	大さじ2
マヨネーズ	大さじ1
酒	大さじ1
コンソメ	小さじ1
スイートチリソース	適量

① 鶏肉は1cm幅にカットし、食品用ポリ袋に入れてAと混ぜ、しっかりともみ込む。

② じゃがいもはみじん切りにし、水にさらし、アクを抜く。水気をしっかりとり、片栗粉、パン粉と混ぜる。

③ 鶏肉に2をまぶし、フライパンに1cmのサラダ油を熱し、170℃で揚げる。きつね色になったら器に盛りつけ、スイートチリソースをつけて食べる。

(No.007) パリパリ手羽先

つぶしにんにく入りのタレがお酒にも合う！

[**材料・作り方**] 2人分

鶏手羽先	5本
塩・こしょう	各適量
うま味調味料	適量
サラダ油	適量

A つぶしにんにく ———— 1片
　しょうゆ ———— 大さじ1
　酒 ———— 小さじ1
　砂糖 ———— 小さじ1
　うま味調味料 ———— 3振り
　こしょう ———— 適量

① クッキングシートに手羽先を並べ、塩・こしょうとうま味調味料を振り、15分置く。手羽先から出た水分をキッチンペーパーでしっかりと拭き取る。

② 手羽先にサラダ油を軽くぬり、オーブントースターでカリッとなるまで15分ほど焼く。

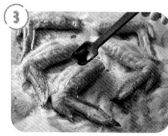

③ Aをすべて混ぜ合わせ、ラップをして600wの電子レンジで30秒加熱してタレをつくる。手羽先の表面にタレとこしょうをぬって完成。

沼落ちPOINT

オーブントースターで焼いたからカリカリ！

沼落ちPOINT
オイスターソースと
みそでうまみ増し

(No.008) ピリ辛鶏チャーシュー

ワンパンでできる‼　やる気がない日の絶品おつまみ。

[材料・作り方] 2人分

鶏もも肉 ―――――― 1枚	
A 水 ――――――― 300cc	
オイスターソース	
――――――― 大さじ2	

酒 ――――――― 大さじ1	
砂糖 ―――――― 大さじ1	
みりん ――――― 大さじ1	
みそ ―――――― 大さじ1	

豆板醤 ――――― 小さじ1	
うすくスライスしたしょうが	
―――――――――― 4枚	

フライパンに **A** を入れ、弱火で
加熱する。

1 が煮立ったら、鶏肉の皮目を
上にして入れ、中火で10分加熱
する。裏返して弱火でさらに5
分加熱する。

切って、汁ごと器に盛りつけて
完成。付け合わせにゆで卵、あ
れば白髪ねぎを添える。

食べるがっつり豚汁

"飲む"というより
"食べる"！ 具だくさん豚汁。

[材料・作り方] 2人分

豚バラ薄切り肉 ——— 100g	ごま油 ——— 大さじ1	
ごぼう ——— 50g	サラダ油 ——— 大さじ1	
大根 ——— 100g	水 ——— 800cc	
玉ねぎ ——— 120g	顆粒和風だし ——— 小さじ1	
こんにゃく ——— 100〜120g	A みそ ——— 大さじ4	
厚揚げ ——— 150g	みりん ——— 大さじ1	
	しょうゆ ——— 小さじ1	

① フライパンにごま油とサラダ油を熱し、斜めうす切りにしたごぼうを弱火で炒める。

② 水、食べやすい大きさに切った大根と玉ねぎを入れ、弱火で20分加熱する。

③ 食べやすい大きさに切ったこんにゃく、厚揚げ、豚肉、和風だしを加え、ふたをして15分煮込む。

④ Aを入れて軽く煮立てて完成。あれば刻んだ青ねぎを散らす。

沼落ちPOINT
隠し味のみりんと
しょうゆで
深みが増す

砂肝の唐揚げ

食卓に並べたら
一瞬でなくなる……！

[材料・作り方] 2人分

砂肝 ——— 200g	
片栗粉 ——— 適量	
A ポン酢 ——— 大さじ2	
酒 ——— 小さじ1	
顆粒和風だし ——— 小さじ1	
柚子こしょう（チューブ） ——— 5〜10cm	

① 砂肝は包丁で切り込みを入れる。

② 1とAを合わせ、軽く漬け込む。

③ 2に片栗粉をたっぷりまぶし、170〜180℃の油で揚げて完成。あればパセリとレモンを添える。

沼落ちPOINT
ポン酢と
柚子こしょうで
味か決まる

(No.011)
だし豚キャベツ蒸し
これ食べていたら絶対に痩せる！

[材料・作り方] 2人分

① フライパンにザク切りにしたキャベツ半玉、その上に、豚バラ肉250gをのせる。酒大さじ1、めんつゆを大さじ4をかけ、ふたをして10分加熱する。あれば糸とうがらしをのせる。

② ポン酢大さじ3、豆板醤小さじ1、しょうがと小ねぎ、いりごま適量を混ぜ合わせ、卵黄を落としてタレを作る。1にタレをつけながら食べる。

沼落ちPOINT
重しを使うとパリパリに焼ける！

(No.012)
油淋鶏
究極パリッパリ食感、揚げないからヘルシー！

[材料・作り方] 2人分

① 鶏もも肉1枚は皮目に塩・こしょうを適量振りかけ、片栗粉を薄くまぶす。

② フライパンに大さじ1の油を中火で熱し、鶏肉の皮目を下にしておく。アルミホイルをかぶせ、その上に水を入れたボウルなどの重しをのせて、こんがり色がつくまで焼く。

③ 裏返して3分焼く。

④ 長ねぎ10cmはみじん切り、しょうが7gとにんにく1片はすりおろす。しょうゆ大さじ2、酢大さじ1、砂糖小さじ2、ごま油小さじ1、豆板醤小さじ½、いりごま適量と混ぜ合わせてタレを作る。3に回しかけ、あれば糸とうがらしをのせて完成。

(No.013)
痩せサラダチキン
炊飯器で一発！ やわらか鶏肉♪

沼落ちPOINT
じっくり火を通すからしっとり柔らか

[材料・作り方] 2人分

① 鶏むね肉1枚にフォークで穴をあけ、加熱用ジッパー付きポリ袋に入れる。

② 1に水50cc、酒・塩こうじ各大さじ1、レモン汁小さじ1、黒こしょう適量を加えてもみ込む。

③ 沸騰したお湯を炊飯器の3合目まで入れ、2を入れる。保温モード60分で完成。付け合わせにベビーリーフとミニトマトを添える。お好みでオリーブオイルやポン酢などにつけて。

沼落ちPOINT
ゆかりの風味が決め手！

(No.014)

沼る唐揚げ

隠し味はあのふりかけ！

［ 材料・作り方 ］ 2人分

① 鶏もも肉1枚に白だし・みりん・酒各大さじ
1、ゆかり小さじ1、かつお節3gを混ぜて
もみ込み、冷蔵庫で30分ほどおく。

② 1を室温に戻し、片栗粉をまぶして170〜
180℃の油で揚げる。

③ こんがり揚がったら器にのせ、レモンなどを
添えて完成。

(No.015)

洋風トンテキ

洋風タレがめちゃおいしい、皆が喜ぶ一品。

［ 材料・作り方 ］ 2人分

① 豚ロース肉1枚の筋に包丁で切れ目を入れ、塩・こしょ
うを振りかけ、薄力粉をまぶす。

② フライパンに油を熱し、中火で1を焼く。両面に焼き色
をつけ、弱火で豚肉の中まで火を通す。

③ ウスターソース・みりん・酒各大さじ1、ケチャップ小
さじ1、砂糖小さじ½、おろしにんにく½片分を混ぜる。

④ 2の余分な油をキッチンペーパーなどで拭き取り、タレ
をかけて弱火で煮詰めて完成。付け合わせにベビーリー
フとミニトマトを添える。

(No.016)

無限つゆしゃぶ

お家で叶えるお店の味！

［ 材料・作り方 ］ 2人分

① 水600cc、しょうゆ・みりん各大さじ6、顆
粒和風だし小さじ1、塩ひとつまみ、柚子こ
しょう適量を混ぜてつけダレをつくる。

② 鍋にお湯を沸かし、しゃぶしゃぶ用豚肉やレ
タス、長ねぎなど好みの具材を湯通しして1
につけて食べる。

関西人が本気で作った！○○

《 No.017 》

お好み焼き

これを一度食べるとお店で食べられなくなるかも……？
お酒好きな人必見のお好み焼きレシピ。

[材料・作り方] 2人分

豚肉	100g	卵	2個
山芋	100g	キャベツ	⅛個
薄力粉	大さじ2	こんにゃく	¼枚
めんつゆ（3倍濃厚）	大さじ2	小ねぎ	半束

① 山芋はすりおろし、薄力粉、めんつゆ、卵を入れてかき混ぜる。

② キャベツとこんにゃくは粗くみじん切りに、小ねぎは小口切りにして1に入れる。

③ ホットプレートで豚肉を焼く。その上におたま1杯分の2をのせて、弱火で片面3〜5分ずつ、両面焼いて完成。めんつゆをかけたり粉チーズやレモンをトッピングしても。

アレンジレシピ

トマト½個を角切りにして、ソース大さじ4、ピザ用チーズ30gを混ぜて、600Wの電子レンジで1分加熱したアレンジソースをかけてもおいしい！

沼落ちPOINT

小麦粉大さじ2だけ！
軽くて無限に
食べられる

沼落ちPOINT

アレンジ楽しい！
キムチ、クリームチーズ、
梅干しを試してみてね

(No.018) **たこ焼き**

外はカリッ！　中はとろ〜っ！
アレンジ自在の沼落ちたこ焼き。

[材料・作り方] 2人分

たこ .... 適量	**A** たこ焼き粉 200g	顆粒和風だし 大さじ1
てんかす .... 適量	卵 3個	かつお節（粉）......... 5g
小ねぎ .... 適量	水 900cc	ソース .... 適量
サラダ油 .... 適量	めんつゆ（3倍濃縮）	マヨネーズ .... 適量
	.... 大さじ4	

①

ボウルに **A** を入れ、混ぜ合わせる。

②

たこ焼き器にサラダ油をひき、生地を流し入れ、たこ、てんかす、小ねぎを入れる。

③

丸く焼いて完成。ソース、マヨネーズをつけて。

肉吸い

大阪名物をお家で簡単に！

[材料・作り方] 2人分

① 鍋に水600cc・しょうゆ・みりん・酒各大さじ2、塩・うま味調味料・顆粒和風だし各小さじ1を入れて弱火で加熱する。グツグツしてきたら一口サイズに切った豆腐300g、牛こま切れ肉200gを入れる。

② 沸騰したら5分程煮込む。器に盛り、小口切りにした小ねぎをトッピングして完成。

とんぺい焼き

関西地方で人気の鉄板焼きメニュー。

[材料・作り方] 2人分

① 耐熱容器に太めの千切りにしたキャベツ80g、一口大に切った豚こま切れ肉50gを入れて塩・こしょうし、ラップをせずに600Wの電子レンジで5分加熱する。揚げ玉大さじ1を入れる。

② 卵2個を溶き、1と水大さじ1、顆粒和風だし小さじ1と混ぜ合わせる。油をひいたフライパンに流し入れ、中火で焼く。卵が半生程度に固まったら火を止め、具材を片方に寄せて折りたたみ完成。ソースやマヨネーズ、お好みのトッピングをのせて。

沼落ちPOINT
卵は半生状態で火を止める！

だし巻き卵

水を入れるのがふんわり卵の秘密。

[材料・作り方] 2人分

① 卵3個、水90cc、みりん大さじ1、顆粒和風だし小さじ1、片栗粉・しょうゆ各小さじ½を混ぜる。

② 卵焼き器にサラダ油を熱し、数回に分けて1を流し入れながら焼いて完成。あれば大葉と大根おろしを添える。

(No.022)

和風しらす明太のアヒージョ

最強の組み合わせで鬼リピ確定！
まるごと明太子が映える一品。無限にバゲットがすすむ……！

[材料・作り方] 2人分

バゲット	適量	鷹の爪	1本	明太子	一腹
にんにく	3片	白だし	大さじ1	バター	5g
オリーブオイル	150g	釜揚げしらす	40g	小ねぎ	適量

① スキレットにオリーブオイルを入れ、つぶしたにんにくを手でさいて入れる。

② 鷹の爪を入れ、火にかける。

③ 香りが出てきたら、白だしとしらすを入れる。

④ 明太子、バターを入れ、小ねぎを散らして完成。バゲットにのせて。

沼落ちPOINT

だし香る和風の
新・アヒージョ

秋鮭の
ごま照り焼き

ご飯がすすむ最高のおかず！

[材料・作り方] 2人分

鮭	2切	A しょうゆ	大さじ1
片栗粉	適量	砂糖	大さじ1
塩・こしょう	適量	酒	大さじ1
サラダ油	適量	酢	小さじ1
白ごま	大さじ1		

① 鮭を一口大に切り、片栗粉と塩・こしょうをまぶす。

② フライパンにサラダ油を多めにひいて熱し、1を両面焼く。

③ 鮭がカリッと焼けてきたら、Aを入れてからませ、白ごまを振りかけて完成。

沼落ちPOINT
小さじ1の酢が
サッパリの
決め手！

ぶりの煮つけ

ワンパン＆5分で完成！

[材料・作り方] 2人分

ぶり	2切
酒	大さじ1
片栗粉	小さじ1
A 水	50cc
酒	50cc
しょうゆ	大さじ2
みりん	大さじ1
砂糖	小さじ2

① ぶりに酒を振り、10分おく。

② キッチンペーパーで水気を拭き取り、片栗粉をまぶす。

③ フライパンにAとぶりを入れ、落とし蓋をして強火で5分煮詰めて完成。付け合わせに、ゆでたほうれんそうを添える。

沼落ちPOINT
片栗粉をまぶして
ふんわり仕上げる

[材料・作り方] 2人分

まぐろ	1柵
にんにく	1片
オリーブオイル	大さじ1
塩・こしょう	適量
A しょうゆ	大さじ1
みりん	大さじ1
酒	大さじ1
マスタード	小さじ1

① フライパンにオリーブオイルを熱し、うすくスライスしたにんにくを弱火で焼く。きつね色になったら取り出す。

② まぐろは塩・こしょうを振りかけ、1のフライパンで中火〜強火で表面をさっと焼き、取り出して1cm幅に切る。

③ 2の残った油にAを入れ、少し煮たらまぐろにかけて完成。1で取り出したにんにく、あればブロッコリースプラウトを添えて。

No.025

まぐろのレアステーキ

絶品ガーリックソースが食欲そそる〜！

沼落ちPOINT
マスタードで
味を
ワンランク上に！

沼落ちPOINT
わさびで
お酒に合う一品に

No.026

サーモンわさび
カルパッチョ

サッと作れて映える一品。

[材料・作り方] 2人分

サーモン（刺身用）	150g
玉ねぎ	20g
大葉	2枚
A しょうゆ	大さじ1
わさび（チューブ）	3cm
オリーブオイル	小さじ1
うま味調味料	2振り

① 玉ねぎはうす切りにして水にさらす。大葉はせん切りにする。

② 器にサーモンを盛りつけ、1をのせる。Aを混ぜ合わせ、回しかけて完成。

ヘルシー食材

(No.027)

冷しゃぶサラダ

ゆで方のひと工夫でお肉が硬くならない！
梅ポン酢とふわふわ豚しゃぶ。

[材料・作り方] 2人分

しゃぶしゃぶ用豚肉	150g	水	500cc	A ポン酢	100cc
かいわれ大根	1パック	酒	大さじ1	うま味調味料	2振り
ミニトマト	適量	片栗粉	大さじ1	はちみつ梅	1〜2個
				オイスターソース	小さじ½

①
フライパンに水、酒、片栗粉を入れ、混ぜながら沸騰させる。

②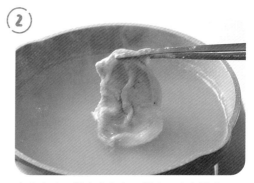
火を止めて豚肉を入れ、弱火で火を通す。

③
豚肉を取り出し、冷水で冷やす。器にかいわれ大根、ミニトマトと一緒に盛りつける。

④
Aを混ぜてドレッシングを作り、3にかけて完成。

沼落ちPOINT
片栗粉を入れた
お湯で豚肉が
柔らかしっとり

沼落ちPOINT
ゴロゴロサイズに切って食べごたえ十分!

(No.028) # ラタトゥイユ

野菜が苦手な人でもコレなら食べられるはず! 本当においしいラタトゥイユ。

[材料・作り方] 2人分

A	ブロックベーコン	40g		にんにく		1片
	パプリカ赤・黄色	各1個		オリーブオイル		適量
	ピーマン	1個				
	玉ねぎ	½個				
	ズッキーニ	½本				

B	トマト缶	200g
	ケチャップ	大さじ2
	コンソメ	小さじ2
	砂糖	小さじ1
	塩	少々
	ブラックペッパー	適量

① Aをそれぞれ一口大にカットする。

② フライパンにオリーブオイルを弱火で熱してみじん切りにしたにんにくを炒める。香りが出たら、1を加え強火で炒める。

③ 2に火が通ったらBを加え、時々かき回しながら弱火で15分煮込む。お好みでバゲットを添える。

(No.029) # チキン豆腐ナゲット

最強のコスパ飯！ 鶏ひき肉の半量を豆腐にしたジューシー中毒ナゲット。

[材料・作り方] 2人分

鶏むねひき肉	300g	**A** マヨネーズ	大さじ2
木綿豆腐	150g	片栗粉	大さじ1
サラダ油	適量	鶏ガラスープの素	大さじ1

【バーベキューソース】

B ケチャップ	大さじ2
中濃ソース	大さじ1
はちみつ	小さじ½
タバスコ	2滴

①
鶏ひき肉と豆腐、**A**を混ぜてしっかりこねる。

②
スプーンですくい、フォークで形を整える。

③
フライパンに1cm程度のサラダ油を熱し、**2**を入れて中火でじっくり揚げる。きつね色になったら完成。お好みで**B**をまぜたバーベキューソースをつけて。

沼落ちPOINT

豆腐を使って
外はカリッ
中はフワッ

(No.030)

無水豚バラレタス

**レタス丸々1個を瞬殺！
ダイエット中の鬼リピメニュー。**

[材料・作り方] 2人分

豚バラ肉	200g	A 酒	大さじ5
レタス	1個	鶏ガラスープの素	
にんにく	1片		大さじ1
しょうが	1片	しょうゆ	小さじ1
		みりん	小さじ1

① レタスをむいて、鍋の底に並べる。その上に豚肉、うすくスライスしたにんにく、千切りにしたしょうがをのせる。

② Aを混ぜ合わせ、1にかける。

③ ふたをして、10分蒸して完成。

(No.031)

なすステーキ

**なすに革命が起きました。
食べたら100%理解できます……。**

[材料・作り方] 2人分

なす	2本
にんにく	2片
オリーブオイル	大さじ2
A ポン酢	小さじ1
焼肉のタレ	大さじ1
バター	5g

① なすは縦に3等分にして、格子状に切れ込みを入れる。

② フライパンにオリーブオイルを弱火で熱し、うすくスライスしたにんにくを炒める。

③ 香りが出たら、中火にしてなすを焼く。

④ 火が通ったら、Aをからませて完成。あればガーリックチップスをトッピングしても。

PART

リピート確定な
パスタ、うどん……

麺類 の 沼

パパッと作ってサッと食べたい時に便利な麺類。
せっかくならおいしく食べたい！
レンチンやワンパンでできる
簡単なのにワンランク上の"お店の麺"
になるレシピをご紹介。

INDEX

パスタ

濃厚チーズボロネーゼ

毎日食べたい……。
大褒めされた最強レンチンパスタ！

［ 材料・作り方 ］1人分

パスタ(1.6mm)	100g	**A** 水	250cc
豚ひき肉	100g	ケチャップ	大さじ2
にんにく	1片	ウスターソース	大さじ1
		コンソメ	小さじ1
		砂糖	小さじ1

ピザ用チーズ	50g
【トッピング】	
温泉卵	1個
パセリ	適量

①

耐熱容器にパスタ、豚ひき肉、おろしにんにく、**A**を入れる。

②

ラップをせずに、600Wの電子レンジでパスタの袋に書かれている既定のゆで時間＋5分加熱する。チーズと混ぜ合わせて完成。お好みで温泉卵とパセリをトッピングして。

SNSで人気！

Twitterで3.9万いいね獲得の バズリレシピ！

SNSでも話題になった人気のレシピ。簡単においしく作れると好評でした。

沼落ちPOINT

失敗ゼロ!
レンジ調理で
お店の味に

(No.033) 和風たらこバターパスタ

レンチンだけでしっかり味のパスタが完成!

[材料・作り方] 1人分

パスタ(1.6mm)	100g
たらこ	片腹
にんにく	1片

A 水 ················· 250cc
　めんつゆ(3倍濃縮)
　　　　　　　　大さじ1
　オリーブオイル ··· 小さじ1
B バター ·············· 20g
　顆粒和風だし ····· 小さじ1

【トッピング】

たらこ	適量
かいわれ	適量
バター	適量

① 耐熱容器にパスタ、つぶしたにんにく、**A** を入れる。

② ラップをせずに、600Wの電子レンジで12分加熱する。

③ たらこ、**B** を入れ、混ぜて完成。トッピングにたらこ、バター、かいわれを添えて。

虚無パスタ

和風パスタが一瞬で完成!

[材料・作り方] 1人分

1. 耐熱容器にパスタ(1.6mm)100g、水230cc、つぶしてさいたにんにく1片とめんつゆ(3倍濃縮)大さじ2、ごま油小さじ1を入れ、600Wの電子レンジで12分加熱する。

2. かつお節、七味、小ねぎをトッピングして完成。

岩のりパスタ

岩のりとわさびの相性が最強!

[材料・作り方] 1人分

1. 耐熱容器にパスタ(1.6mm)100g、水250cc、顆粒和風だし・オリーブオイル各小さじ1を入れ、600Wの電子レンジで12分加熱する。

2. 岩のりの佃煮大さじ1、わさび(チューブ)3cm、バター10gと混ぜ合わせる。小ねぎと岩のりの佃煮をトッピングして完成。

沼落ちPOINT
隠し味のわさびが
まさに沼

沼落ちPOINT
ズボラさん必見
ワンパンで完成!

明太パスタグラタン

いつでも食べたい! めちゃうまグラタン。

[材料・作り方] 1人分

1. フライパンにバター10gを弱火で熱し、薄切りにした玉ねぎ60gを炒め、小麦粉小さじ1をまぶす。

2. 牛乳400cc、明太子30g、コンソメ小さじ1、パスタ(1.6mm)100gを入れて弱火で7分煮る。

3. グラタン皿に 2 を入れ、ピザ用チーズ60gをかけて明太子を適量散らし、オーブントースターでこんがりするまで焼く。刻んだ大葉と明太子をトッピングして完成。

(No.037)

トマすきやきうどん

すきやきだけどイタリアンな味わいのうどん。味変で粉チーズは
本当におすすめ……。さらにイタリアンっぽさが増します。

[材料・作り方] 1人分

うどん	1玉	A しょうゆ	大さじ2
牛薄切り肉	60g	酒	大さじ1
トマト	½個小ねぎ	みりん	大さじ1
サラダ油	適量	砂糖	大さじ1

【トッピング】

温泉卵	1個
小ねぎ	適量

①

フライパンにサラダ油を熱し、中火で牛肉を
炒め、うどんを入れる。

②

Aを入れ、うどんとからめながら水気がなく
なるまで炒める。

③

くし形切りしたトマトを入れて水気がなくな
ったら器に盛り、温泉卵と小ねぎをトッピン
グして完成。

── MEMO ──

トマト好きさんには、意外なトマトと
の組み合わせが楽しめる P50 の「イタ
リアントマトそうめん」もおすすめ！

沼落ちPOINT
**すきやきと
トマトの
相性が抜群!**

沼落ちPOINT 粉チーズで本格的なクリーミーさに

(No.038) 明太クリームうどん

生クリーム不使用なのに、濃厚！
簡単すぎてごめんなさいレベルの時短レシピ。

[材料・作り方] 1人分

冷凍うどん	1玉	粉チーズ	大さじ2	【トッピング】
明太子	1腹	めんつゆ（3倍濃縮）		明太子 ………… 適量
牛乳	150cc		大さじ1	のり ………… 適量
		バター	5g	小ねぎ ………… 適量

① フライパンに牛乳、明太子、粉チーズ、めんつゆを入れ、かき混ぜながら弱火で加熱する。

② 1が煮立ったら、電子レンジで解凍した冷凍うどんを入れ、中火で3分煮込む。

③ 最後にバターを入れて完成。トッピングに明太子、のり、小ねぎを添えて。

(No.039)

関西風鍋焼きうどん

本場関西仕込み！ 体ほかほか温まる〜。

［ 材料・作り方 ］1人分

① 土鍋に水350cc、顆粒和風だし・しょうゆ各小さじ1、塩小さじ½、砂糖小さじ¼を入れ、中火で煮立たせる。

② 鶏もも肉50gは一口サイズに切り、しいたけ1個は石づきを取る。油揚げ20gは短冊切り、長ねぎ15gはうす切り、かまぼこは1cm幅に切る。1に入れて中火で3分煮込む。

③ うどん1玉、卵1個、冷凍ほうれん草20gを入れ、ふたをして3分煮込んで完成。

(No.040)

辛みそ煮込みうどん

10分で作れる鬼リピレシピ。

［ 材料・作り方 ］1人分

① 豚バラ肉50gは一口サイズ、にんにく1片はうすく切り、乾燥きくらげ2gは水で戻してせん切りにする。

② 鍋にごま油をひき、弱火でにんにくを熱して香りが出てきたら豚肉と水300ccを入れる。火が通ったら、うどん1玉と卵を入れ、みそ・コチュジャン・しょうゆ・みりん各大さじ1を入れて中火で3分煮込む。

③ お好みの量のきくらげ、ねぎ、鷹の爪、白ごまをトッピングして完成。

(No.041)

焼きうどん ソースとめんつゆのフュージョンでおいしい。

［ 材料・作り方 ］1人分

① 豚バラ肉50gは3cm幅に切り、にんじん30gは薄い半月切りにする。キャベツ100gは食べやすい大きさに切る。

② フライパンにごま油をひき、豚肉を中火で炒める。キャベツ、にんじんを加えて塩・こしょうを振りかけ炒め合わせうどん1玉を入れる。ウスターソース大さじ2、めんつゆ（3倍濃縮）小さじ1を混ぜ合わせて加える。

③ 器に盛り、かつお節、紅しょうがをトッピングして完成。

No.042

二日酔いにゅうめん

しょうがと梅干が二日酔いに効く!
このにゅうめんなら一瞬でできるから、限界の日でも作れるはず。

[材料・作り方] 1人分

そうめん	100g	**A** 水	350cc	【トッピング】
油揚げ	15g	しょうゆ	大さじ2	梅干し
せん切りしょうが	10g	みりん	大さじ2	小ねぎ
		顆粒和風だし	小さじ1	

【トッピング】
梅干し ────── 1個
小ねぎ ────── 少々

①

鍋に5mm幅に切った油揚げ、しょうが、**A**を入れて中火で3分熱し、煮立たせる。

②

そうめんはゆでて氷水にとり、ぬめりを落としてざるにあげる。

③

1と2を器に盛り、梅干しと小口切りにした小ねぎを添えて完成。

─ MEMO ─

そうめんをゆでたら、必ず氷水でしめてぬめりをとることが大切! つるっとした食感とコシが出ます。

沼落ちPOINT

せん切りの
しょうがが
決め手!

49

沼落ちPOINT
6滴の
タバスコが
隠し味

（No.043）**イタリアントマトそうめん**

鶏ささみでかさまし！ ヘルシーで罪悪感なしのかわいいそうめん。

[材料・作り方] 1人分

そうめん	100g
トマト	小2個
鶏ささみ	1本

A	無塩トマトジュース	200cc
	粉チーズ	小さじ2
	鶏ガラスープの素	小さじ1
	タバスコ	6滴
	乾燥バジル	2振り

①

そうめんはゆでて氷水にとり、ぬめりを落としてざるにあげる。

②

トマトは一口サイズの乱切り、ささみはゆでて細かくさく。

③

1と2を器に盛り、Aを混ぜ合わせたソースをかけて完成。あれば飾りにバジルの葉をのせる。

（ No.044 ） すだちそうめん

料理は作りたくないけどさっぱりしたものが食べたい時に！

[材料・作り方] 1人分

そうめん ……………… 100g

A 水 ………………… 200cc
　白だし …………… 大さじ3
　すだち果汁 ……… ½個分

【トッピング】
スライスすだち ……… 適量
花かつお節 …………… 適量
大根おろし …………… 適量
揚げ玉 ………………… 適量

①
そうめんはゆでて氷水にとり、ぬめりを落としてざるにあげる。

②
Aを混ぜ合わせ、そうめんと合わせる。

③
器に盛り、トッピングをのせて完成。

沼落ちPOINT
揚げ玉トッピングで
食べこたえ
アップ

沼落ちPOINT
粉かつお節と
ラー油で味変も
おすすめ

(No.045) # ねぎ豚辛そうめん

甘辛いだしがたまらーーーんおいしさ！
飲み終わりに食べたくなる〆そうめん。

[材料・作り方] 1人分

そうめん	100g	かつお節	2g	
豚バラ肉	100g	ごま	適量	
長ねぎ	½本	水	250cc	

A		
しょうゆ	大さじ2
みりん	大さじ2
砂糖	大さじ1
豆板醤	小さじ1
鶏ガラスープの素	小さじ1

① フライパンに水、みじん切りにした長ねぎと2cm幅に切った豚肉を入れ、火にかける。**A**を混ぜて加える。

② そうめんは茹でて氷水にとり、ぬめりを落としてざるにあげる。

③ **2**を器に盛る。**1**に粉々にしたかつお節とごまをかけて別の器に盛る。そうめんを**1**の汁につけて食べる。付け合わせにゆで卵、あれば刻んだ青ねぎを散らす。

(No.046) # 冷製明太そうめん

え？これパスタ？って聞かれる、めっちゃ簡単なカッペリーニ風。

[材料・作り方] 1人分

そうめん ―――――― 100g
明太子 ―――――― 片腹

A オリーブオイル ―― 大さじ3
白だし ―――――― 大さじ2
レモン汁 ―――――― 小さじ1
みょうが(細切り) ―― ½個

【トッピング】
明太子 ―――――― 適量
青しそ ―――――― 適量

① そうめんは茹でて氷水にとり、ぬめりを落としてざるにあげる。

② 明太子をほぐしてAと混ぜ合わせ、冷蔵庫でよく冷やす。

③ 2に1をからめ、器に盛り、トッピングをのせて完成。

沼落ちPOINT
そうめんを氷水でしめてパスタっぽく

ラーメン

(No.047)

世界一の旨辛ラーメン

韓国の友達に教えてもらった一番おいしい食べ方。
作る時は「辛ラーメン」で試してみて！

[材料・作り方] 1人分

辛い即席中華麺(袋) ── 1袋	A 水 ──────── 500cc	【トッピング】	
卵 ──────────── 1個	コチュジャン ── 大さじ1	小ねぎ ────────── 適量	
ごま油 ─────── 小さじ1	みりん ───── 小さじ2		

① 鍋に即席中華麺付属のかやく、粉末スープ、Aを入れて加熱する。

② 1が煮立ったら、麺を入れて2分煮込む。

③ 卵を入れてさらに2分煮込む。

④ ごま油を回しかけ、トッピングをのせて完成。

沼落ちPOINT

コチュジャンとみりんでコクと深みが出る！

チキンカレーヌードル

みんなが知ってるカレーヌードルの
栄養たっぷり進化版!

[材料・作り方] 1人分

鶏ガラ味即席袋麺	1袋	【トッピング】
にんじん	10g	パセリ ⋯⋯ 適量
じゃがいも	10g	
カレールー	1個(25g)	
水	500cc	

① にんじんとじゃがいもは5mmの角切りにする。

② 鍋に水を入れ、1を弱火で3分ゆでる。麺とカレールーを入れてさらに1分加熱する。

③ 器に盛り、トッピングのパセリをちらして完成。

沼落ちPOINT
「チキンラーメン」+
「ジャワカレー」が
最強!

濃厚みそラーメン

追いみそとにんにくでコクがアップ!
「サッポロ一番みそラーメン」で試して。

[材料・作り方] 1人分

みそ味即席中華麺(袋)	1袋
にんにく	1片
A 水	550cc
みそ	小さじ2
みりん	小さじ1
【トッピング】	
ゆで卵	1個
コーン	30g
バター	5g
小ねぎ	適量

① 鍋におろしたにんにくとA、粉末スープの素を入れて中火で加熱する。

② ふつふつしてきたら、麺を入れて3分煮込む。器に盛り、トッピングをのせて完成。

沼落ちPOINT
みそとみりんの
コクでワンランク
上の味に

PART

手軽に大満足！

副菜& おつまみ の 沼

あと一品ほしい時や晩酌をしたい時に、
これを作ればお家がまるで小料理屋に……！
沼落ちレシピの真骨頂ともいえる、
お酒好きさん納得のメニューが満載です。

肉

No.050

ガーリックねぎ塩砂肝

まるで牛タンな究極の砂肝レシピ。
このねぎダレ、お酒との相性が良すぎる……。

[材料・作り方] 2人分

砂肝	200g	ごま油	適量
長ねぎ	1本	塩・こしょう	適量
にんにく	1片	酒	大さじ1

A		
ごま油	大さじ1
レモン汁	小さじ2
鶏ガラスープの素	小さじ1
オイスターソース	小さじ1
黒こしょう	適量

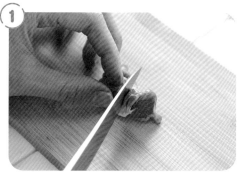

① 砂肝は水で洗い水気を切って、切れ込みを入れる。長ねぎはみじん切りにする。

② 長ねぎとAを混ぜあわせる。

③ フライパンにごま油を熱し、うすくスライスしたにんにくを弱火で香りが出るまで炒める。

④ 3に砂肝、塩・こしょう、酒を入れて炒める。器に盛り、2をかけて完成。あればレモンを添える。

沼落ちPOINT

隠し味のオイスターソースで味が決まる

豚バラの
レモンガーリック唐揚げ

少ない油でさっと揚がる時短唐揚げ。
ガーリック＋レモンはお酒がすすみすぎて沼です……。

[材料・作り方] 2人分

豚バラ肉	150g	A レモン汁 大さじ1	ブラックペッパー 適量
にんにく	2片	酒 大さじ1	レモン汁 適量
片栗粉	適量	鶏ガラスープの素 小さじ2	
サラダ油	適量		

①

ボウルに豚肉、おろしたにんにく、**A**を入れて混ぜ合わせる。

②

1に片栗粉をまぶし、一口サイズにちぎる。

③

フライパンに1cmの油を入れ、**2**を170℃で揚げる。

④

器に盛り、ブラックペッパー、レモン汁をたっぷりとかけて完成。

沼落ちPOINT

豚バラ肉は揚げると
カリッカリに！

沼落ちPOINT
揚げる前にしっかり
水気を拭き取って
油ハネ防止

(No.052) 甘辛手羽唐

あの名店の味をお家で再現……！
無限に食べられる、ご飯もお酒も進む一品。

[材料・作り方] 2人分

鶏手羽中	20本	**A** しょうゆ	大さじ1	黒こしょう‥‥‥‥‥適量
塩	適量	みりん	大さじ1	白ごま‥‥‥‥‥‥‥適量
こしょう	適量	酒	小さじ2	
にんにく	1片	砂糖	小さじ2	
サラダ油	適量			

① 手羽中は皮部分に切り込みを入
れ、塩・こしょうを振ってキッ
チンペーパーで水気を拭き取る。
180℃のサラダ油でカリッとす
るまで揚げる。

② 耐熱容器につぶしたにんにくと
Aを入れ、600Wの電子レンジ
で1分半加熱する。

③ 1に2をからめ、黒こしょうと
白ごまを振りかけて完成。

(No.053) 絶品焼き鳥

お家居酒屋の定番メニュー！ お酒好きが沼る絶品タレの焼き鳥。

[材料・作り方] 2人分

鶏もも肉	1枚(300g)	A	しょうゆ	大さじ1
長ねぎ	1本		みりん	大さじ1
塩・こしょう	適量		酒	大さじ1
サラダ油	適量		砂糖	小さじ2
			みそ	小さじ1

① 鶏肉は12等分に切る。長ねぎを一口サイズに切り、串に刺して塩・こしょうを振る。

② フライパンに油を熱し、弱火で1を焼く。色が変わったら裏返す。火が通ったら強火にして焼き目をつける。

③ Aを混ぜて2に入れてからめ、オーブントースターでカリっとするまで焼いて完成。お好みで七味唐辛子を添える。

沼落ちPOINT

隠し味のみそでコクと深みがアップ

(No.054) **カルツォーネ風餃子**

爆速でできる、餃子の皮の最新アレンジ!
おかわりが本当に止まらなかった自信作。

[材料・作り方] 20個分

ウインナー	3本	Aケチャップ	大さじ2
にんにく	1片	マヨネーズ	大さじ1
大判餃子の皮	20枚	乾燥バジル	適量
ピザ用チーズ	適量		

①

細かく切ったウインナー、すりおろしたにんにく、Aを混ぜる。

②

1とピザ用チーズを餃子の皮にのせる。

③

皮の周り全体に水をたっぷりつけ、折りたたんでフォークの先でとじる。オーブントースターでカリッとなるまで焼いて完成。付け合わせにピクルス、あればパセリを添える。

(No.055) # 餃子ピザ

餃子とピザのいいとこどり！ ほどよい軽さでサクサク食べちゃう。

［ 材料・作り方 ］ 2人分

豚ひき肉	100g
ニラ	3本
サラダ油	大さじ1
大判餃子の皮	7枚
ピザ用チーズ	適量

A	
すりおろししょうが	3g
すりおろしにんにく	3g
オイスターソース	小さじ1
鶏ガラスープの素	小さじ1
酒	小さじ1

① ボウルに豚ひき肉、みじん切りにしたニラ、**A**を入れてしっかりこねる。

② フライパンにサラダ油をひき、餃子の皮を並べ、その上に**1**をうすく引き伸ばしてピザ用チーズを乗せる。

③ **2**を弱火でふたをして10分焼いて完成。あれば糸とうがらし、ラー油と合わせる。

沼落ちPOINT
餃子の皮だから
バリバリ生地に

ローストビーフ

**とっても簡単で何度作っても
失敗なしのレシピ。**

［ 材料・作り方 ］2人分
牛ももかたまり肉 ―――――――――――― 400g
塩・こしょう ――――――――――――――― 適量

① 牛肉に塩・こしょうを振り、強火で全面焼
きつける。

② 加熱用ジッパー付きポリ袋に、焼いた牛肉、
スライスにんにく1片を入れ、空気を抜く。

③ 鍋に湯を沸かし、火を止めてから**1**を袋の
まま入れて30分湯煎。

④ **2**を袋から取り出し、切り分けて器に盛り
つけて完成。あればベビーリーフを飾る。

沼落ちPOINT
鍋にほったらかしで
激安肉も
激うま肉に

肉豆腐

**温泉卵とかいわれ大根を
トッピングすると豪華に。**

［ 材料・作り方 ］2人分
牛肉こま切れ ――――――――――――――― 150g
豆腐 ―――――――――――――――――――― 150g
長ねぎ(白い部分) ―――――――――――― 1本
サラダ油 ―――――――――――――――――― 適量
A 水 ――――――――――――――――――― 100cc
　しょうゆ ――――――――――――――― 大さじ3
　砂糖 ―――――――――――――――――― 大さじ2
　酒 ――――――――――――――――――― 大さじ2
　顆粒和風だし ―――――――――――― 小さじ½
【トッピング】
三つ葉 ――――――――――――――――――― 適量

① 牛肉は一口大に、長ねぎは3cm幅に切る。
豆腐は1cm幅のうす切りにする。

② 鍋にサラダ油をひき、牛肉と長ねぎを焼
く。豆腐と**A**を入れ、弱火で10分加熱する。

③ 器に盛り、トッピングをのせて完成。

沼落ちPOINT
長ねぎは
しっかり焼くと
甘みと香りが出る

(No.058)

ピリ辛チョリソー

仕込んでおけばあとは焼くだけ！

[材料・作り方] 2人分

ソーセージ	7本
一味唐辛子	15振り
にんにく	½片
サラダ油	適量

① ソーセージは細かく切り込みを入れる。食品用ポリ袋にソーセージと一味唐辛子、おろしたにんにくを入れて1日〜3日漬け込む。

② **1**をサッと水で流し、フライパンにサラダ油をひいて弱火でじっくり焼いて完成。あればパセリを添える。追い一味唐辛子もおすすめ。

沼落ちPOINT
ソーセージは漬け込むと驚くほど化ける！

沼落ちPOINT
ワンランク上の失敗ゼロおつまみ

(No.059)

肉巻き豆苗

シャキシャキの豆苗とピリ辛な卵黄ポン酢がたまらん……。

[材料・作り方] 2人分

豚ロース薄切り肉	9枚
豆苗	1袋
ニラ	2本
酒	大さじ1
A 卵黄	1個
いりごま	大さじ1
コチュジャン	小さじ2
ラー油	小さじ1〜お好みの量

① 豆苗は根を切り落とし、豚肉で巻く。

② 耐熱容器に**1**を並べ、酒をかけてラップをして600Wの電子レンジで3分加熱する。

③ ニラは小口切りにし、**A**と混ぜ合わせてタレを作る。**2**にタレをつけて食べる。

(No.060)

鮭のにんにくバターしょうゆ

**試行錯誤の末たどり着いたタレの黄金比率。
シンプルだけど特別な日に作りたいソテー。**

[材料・作り方] 2人分

鮭	2切	オリーブオイル	適量	A しょうゆ	小さじ2
小麦粉	小さじ2	にんにく	1片	酒	小さじ2
塩	適量	バター	10g	みりん	小さじ1
黒こしょう	適量			レモン汁	小さじ1/3

① 鮭に小麦粉と塩、黒こしょうをまぶす。

② フライパンにオリーブオイルをひき、弱火で **1** を皮目から焼く。両面焼けたら、器に盛りつける。

③ キッチンペーパーでフライパンの油を拭き取り、バターと粗くみじん切りにしたにんにくを弱火で熱する。香りが出てきたら、**A** を入れてアルコールを飛ばす。

④ **2** に **3** をかけて完成。付け合わせにベビーリーフとレモンを添える。

沼落ちPOINT

皮目から焼いて
パリッと！

デパ地下風サーモンと
アボカドのみそマヨあえ

デパ地下レベルのお惣菜が切って混ぜるだけで完成！

沼落ちPOINT

マヨ＋みそで
こくうまな
味わい！

[材料・作り方] 2人分

サーモン	100g
アボカド	1個
レモン果汁	適量
A マヨネーズ	大さじ2
オリーブオイル	大さじ1
みそ	小さじ1
しょうゆ	小さじ1
ブラックペッパー	適量

① サーモン、アボカドは1cmの角切りにする。レモン果汁を加えてあえる。

② Aを混ぜ合わせ、1とあえて完成。お好みでブラックペッパーを振る。

ツナ缶リエット

**サクッとブランチに、
お酒のお供にも……♡**

[材料・作り方] 2人分

ツナ缶	1個
バゲット	適量
A クリームチーズ	30g
マヨネーズ	大さじ1
めんつゆ（3倍濃縮）	小さじ½
パセリ（トッピング）	適量

① Aを混ぜ合わせる。

② バゲットをカリッと焼き、1とパセリを上にのせて完成。

沼落ちPOINT

めんつゆで
味が決まる

沼落ちPOINT
はちみつ梅か
やみつきの
秘訣

(No.063)

ちくわの
くるくる巻き

**子どもにも大人気！
晩酌にもおすすめ！**

[**材料・作り方**] 2人分

ちくわ	4本
はちみつ梅	4個
大葉	2枚
スライスチーズ	1枚

① ちくわに切り込みを入れて板状に開く。

② はちみつ梅から種を取り除き、実を叩く。

③ 大葉を3等分、チーズを4等分に切る。

④ 開いたちくわの内側にチーズ、大葉、はちみつ梅をのせて巻き、竹串に刺して完成。

沼落ちPOINT
エビチリ
インスパイア！

(No.064)

えびぱん

**超簡単！　うまぁ！
コチラ飲みすぎ注意です。**

[**材料・作り方**] 2人分

バゲット	適量
むきエビ	100g
ピザ用チーズ	適量
A マヨネーズ	大さじ1
｜ チリソース	大さじ1

① むきエビを細かく切り、Aと混ぜ合わせる。

② バゲットに1とピザ用チーズをのせて、オーブントースターで10分焼いて完成。あればパセリを少量のせる。

(No.065)

山芋グラタン

飲食店採用レシピ◎ サクサクほくほく濃厚おいしい！
絹豆腐でヘルシーにボリュームアップ！

[**材料・作り方**] 2人分

山芋	200g
絹豆腐	150g
ピザ用チーズ	25g
マヨネーズ	適量

A めんつゆ（3倍濃縮）
　　　　　　 大さじ2
　卵 　　　　　1個
　かつお節 　　大さじ1

【トッピング】
小ねぎ  適量

山芋の⅓を5mm幅の角切りにし、残りはすりおろして混ぜる。

1にAを混ぜる。

絹豆腐を耐熱容器に入れ、2を流し入れる。

3の上にピザ用チーズとマヨネーズをのせて、オーブントースターで5分（表面のチーズがとけるくらい）焼いて小ねぎをトッピングして完成。

沼落ちPOINT
おろしと角切り山芋で
食感まで楽しめる!

夏野菜のおろし揚げ浸し

**これ食卓に出したら、大褒めされたよ〜！
夏野菜をたっぷり食べられるレシピ。**

[材料・作り方] 2人分

ズッキーニ	½本	サラダ油	適量	**A** めんつゆ(3倍濃縮)
パプリカ	赤・黄各½個	なす	1本	大さじ4
ピーマン	2個	水	200cc	みりん 大さじ2
				酒 大さじ1
				顆粒和風だし 小さじ1
				大根おろし 5cm分

①

野菜を素揚げする。

②

鍋に水、**A**を入れて火にかける。

③

野菜に**2**をかけ、冷蔵庫で冷やして完成。

つゆが余ったら、
うどんにかけて
飲み干して！

沼落ちPOINT
素揚げすることで
野菜のうまみを
閉じ込め、格上げ！

(No.067)

梅おかか
じゃばらきゅうり

とにかく映えるから、おもてなしにも◎
切り方を覚えれば、誰でも簡単にできちゃう！

[材料・作り方] 2人分

きゅうり	2本	A かつお節	2g	【トッピング】	
はちみつ梅	3個	白だし	大さじ2	糸とうがらし	適量
にんにく	½片	ごま油	大さじ1		
		砂糖	小さじ1		
		いりごま	適量		
		鷹の爪	適量		

① 割り箸1本を使ってきゅうりをじゃばら切りにする。

② はちみつ梅の種を取り出し、実を叩く。

③ はちみつ梅、すりおろしたにんにく、Aを混ぜ合わせる。

④ 食品用ポリ袋にきゅうりと3を入れ、よくもみ込み、冷蔵庫で30分漬け込んで、糸とうがらしをトッピングして完成。

沼落ちPOINT
まるごと
お皿にのせると
じゃばら感が
出るよ！

沼落ちPOINT
粉チーズで
ワンランク上!

(No.068) **ガリバタもろこし**

にんにくバターしょうゆ×粉チーズ、とんでもなくおいしい……!

[材料・作り方] 2人分

とうもろこし	1本
粉チーズ	適量
にんにく	1片

Aバター	5g
しょうゆ	小さじ2
みりん	小さじ1

① とうもろこしを三等分に切ったあと、縦に切る。

② Aとおろしたにんにくを600Wのレンジで30秒加熱する。

③ 1に2をぬり、粉チーズをたっぷりとかけ、200℃のオーブンで20分焼いて完成。

(No.069)

にんにく漬けアボカド

調味料は、おうちにあるもので簡単に！

沼落ちPOINT
やみつき
にんにく味に
お箸が止まらん

[材料・作り方] 2人分

アボカド	1個
長ねぎ	5cm
にんにく	1片
白ごま	適量
A しょうゆ	大さじ2
酢	小さじ1
砂糖	小さじ1

① ボウルに**A**と白ごまを入れ、みじん切りにした長ねぎ、すりおろしたにんにくと混ぜ合わせる。

② アボカドを1cm角に切り、**1**と混ぜ合わせて完成。

沼落ちPOINT
カリカリのコツは、
弱火でじっくり
揚げ焼きすること

(No.070)

やみつき和風バターポテト

揚げずにカリッカリ！
簡単！ 無限！ おつまみ。

[材料・作り方] 2人分

じゃがいも	3個
オリーブオイル	大さじ3
A めんつゆ（3倍濃縮）	大さじ1
かつお節	7g
バター	5g

① じゃがいもは皮つきのまま短冊切りにして、600Wの電子レンジで3分加熱する。

② フライパンにオリーブオイルを熱し、弱火で**1**をじっくり揚げ焼きする。

③ じゃがいもの水分が飛び、カリカリになったら**A**を入れ、なじませて完成。あればパセリを添える。かつお節をさらにのせても。

焼きピーマン

ピーマン嫌いでもパクパク食べられる！

［ 材料・作り方 ］2人分

① フライパンにサラダ油を熱し、弱火でピーマン5個をくたくたになるまで焼く。

② 焼き肉のタレ大さじ2、みそ小さじ½をかけて完成。

沼落ちPOINT
まるごと焼いたら
中までトロトロ

手作りなめたけ

**瓶詰で買わなくてもいいんです！
市販の味をおうちで手作り。**

［ 材料・作り方 ］2人分

① えのき2袋は石づきを切り落とし、3等分に切る。手で割いて細かくする。

② フライパンに1、しょうゆ大さじ4、みりん大さじ4、酒大さじ4、砂糖小さじ2を入れて中火で煮込む。

③ 水分がなくなったら酢大さじ1を入れて完成。付け合わせに大根おろしを添える。

ふわふわしば漬け

**本当にしば漬けみたい！
ゆかりとお酢であえるだけ！**

［ 材料・作り方 ］2人分

① 大根150gを皮むき器で薄くスライスする。

② 塩ひとつまみを振り、5分おいて水気をきる。

③ ゆかり小さじ2、いりごま小さじ1、酢小さじ1と2をあえて完成。お好みでかいわれ大根をトッピングして。

副菜＆おつまみの沼
卵

(No.074) ## 半熟チーズパン

罪悪感たっぷりがおいしい！ マヨ、チーズは惜しみなく使って。

[材料・作り方] 2人分

食パン	1枚	マヨネーズ	適量
ピザ用チーズ	10g	卵	1個

① 食パンの真ん中にスプーンでくぼみを作る。

② マヨネーズで土手を作り、その中にチーズと卵を入れる。

③ オーブントースターでこんがり焼いて完成。あれば乾燥パセリを振る。

沼落ちPOINT
土手は高さが出るくらいしっかりと

ウフマヨ

フレンチの前菜、究極の卵料理。
高見えするので、おもてなしにも◎

[材料・作り方] 2人分

卵	2個	
ブラックペッパー	適量	

A	マヨネーズ	大さじ4
	牛乳	大さじ1
	練りからし(チューブ)	3cm
	にんにく	½片

①

鍋にお湯を沸かし、卵を6分30秒ゆでる。

②

Aを混ぜ合わせる。

③

1の殻をむき、皿に盛りつけて2をかけ、ブラックペッパーを振って完成。

野菜とも相性◎
アスパラ、じゃがいもを添えてさらにワンランクUP!

沼落ちPOINT
ピリッと
からしで決まる

沼落ちPOINT
うずら卵の
水煮利用が
時短テク

(No.076) 旨辛おつまみ煮卵

韓国の友達直伝！ 仕込み時間たったの3分。

[材料・作り方] 2人分

うずら卵の水煮⋯⋯⋯⋯ 12個

A 水⋯⋯⋯⋯⋯⋯⋯⋯⋯ 大さじ2
　めんつゆ（3倍濃縮）⋯ 大さじ2
　豆板醤⋯⋯⋯⋯⋯⋯⋯ 小さじ1
　コチュジャン⋯⋯⋯⋯ 小さじ1
　ごま油⋯⋯⋯⋯⋯⋯⋯ 小さじ1

①

タッパーや食品用ポリ袋にAを入れる。

②

1にうずら卵の水煮を入れる。

③

冷蔵庫で6時間以上寝かせたら完成。あれば糸とうがらしを飾る。

(No.077)

おろし納豆オムレツ

とろ〜り納豆にお酒が止まらん！ 酒飲みさん大好物レシピ。

［ 材料・作り方 ］2人分

納豆 ———————— 1パック	牛乳 ———————— 大さじ1	【トッピング】
揚げ玉 ——————— 大さじ1	めんつゆ（3倍濃縮）— 適量三	大根おろし —————— 適量
マヨネーズ ————— 大さじ1	サラダ油 —————— 適量	三つ葉 ——————— 適量
卵 ————————— 3個		

① 納豆パックに揚げ玉、マヨネーズを加え、混ぜ合わせる。

② 卵と牛乳を混ぜ合わせ、フライパンにサラダ油を熱してスクランブルエッグ手前の状態まで焼く。

③ 火を止め、2をフライパンに広げ片側に1をのせ、半分に折りたたむ。大根おろしと三つ葉をトッピングし、めんつゆを回しかけて完成。

沼落ちPOINT

揚げ玉のこくと食感が沼る！

じゃがいもは
レンジ調理で時短

(No.078) **コチュマヨポテサラ**

コチュジャンでうま辛い大人のポテトサラダです！

[材料・作り方] 2人分

じゃがいも	300g	卵	1個
豚こま切れ肉	100g	サラダ油	適量
焼肉のたれ	大さじ1		

A マヨネーズ ——— 大さじ3
　コチュジャン ——— 大さじ1
　ブラックペッパー ——— 適量
青ねぎ ——————— 適量

① じゃがいもの皮をむき、一口大に切り、600Wの電子レンジで5分加熱する。

② フライパンにサラダ油を熱し、細かく切った豚肉と焼肉のたれを加え、水気がなくなるまで炒める。

③ ボウルにじゃがいも、**2**、**A**を入れてつぶしながら混ぜる。青ねぎと半熟卵をのせて完成。

[材料・作り方] 2人分

ベーコン	40g
ほうれん草	100g
バター	5g
卵	2個
サラダ油	適量
A マヨネーズ	小さじ1
┃ オイスターソース	小さじ1

① フライパンにサラダ油をひき、短冊切りにしたベーコンをカリカリになるまで弱火で炒める。

② 3cm幅に切ったほうれん草を加え、中火で炒める。しんなりしたら器に盛る。

③ フライパンにバターを中火で熱し、卵でスクランブルエッグを作り、2の上にのせる。

③ Aを混ぜ合わせ、かけて完成。

No.079

トロたまポパイ

**卵とベーコン、ほうれん草の相性抜群！
子どもから大人まで大好きな味♡**

沼落ちPOINT
オイスターマヨで格上げ！

No.080

肉巻きトロ卵

彼氏の胃袋をガッツリつかむ！

沼落ちPOINT
これがタレの黄金比率！

[材料・作り方] 2人分

豚バラ薄切り肉	4枚
卵	2個
片栗粉	適量
塩・こしょう	適量
サラダ油	適量
A しょうゆ	小さじ2
┃ みりん	小さじ2
┃ 砂糖	小さじ1
┃ オイスターソース	小さじ1
┃ おろしにんにく	½片

① 冷蔵庫から出したばかりの卵を6分30秒ゆでる。ゆでた卵を豚バラ肉でしっかり巻く。

② 1に片栗粉と塩、こしょうをまぶし、肉がはがれないようにギュッと握る。

③ フライパンにサラダ油をひき、ふちを使いながら2全体を中火でしっかり焼く。

④ Aを入れ、とろみがついたら完成。あればレタスを飾る。

(No.081)

鶏団子スープ

寒い日にあったまる〜〜〜！　しょうがのきいたヘルシー料理。
全卵使うので、ふわふわの肉団子に！

[材料・作り方] 2人分

【肉団子たね】
しょうが	10g
鶏ひき肉	200g
卵	1個
塩	ひとつまみ
長ねぎみじん切り	30g

【具材】
しょうが	5g
春雨	30g
レタス	¼個

A		
水		800cc
しょうゆ		大さじ2
顆粒和風だし		小さじ1
塩		小さじ1
オイスターソース		小さじ1
砂糖		小さじ½

①

肉団子のたねの材料をすべて混ぜ、たねを作る。Aを鍋に入れる。

②

たねをスプーンで丸めながら入れ、ふたをして5分煮込む。

③

レタスをちぎって入れ、春雨、せん切りにしたしょうがを加えて完成。

スープ系レシピで「なんか一味足りない……」ってとき、オイスターソースを小さじ½から入れてみて！味が決まるよ◎

沼落ちPOINT
オイスターソースで
「何か足りない」
を解決！

オニオングラタンスープ

**濃厚スープであったまる！
お店の味をスーパーの材料で再現。**

沼落ちPOINT
バゲット
あとのせが
簡単テク

［ 材料・作り方 ］2人分

バゲット	適量
粉チーズ	適量
玉ねぎ	1個
塩	ひとつまみ
サラダ油	適量
A 水	400cc
｜ コンソメ	大さじ1

【トッピング】

パセリ	適量

① フライパンにサラダ油を熱し、玉ねぎと塩を入れ、飴色になるまで炒める。

② 1にAを入れて、ひと煮立ちさせる。

③ バゲットに粉チーズをかけ、オーブントースターでチーズが溶ける程度焼き、スープに入れて完成。お好みでパセリを飾る。

コーンスープ

**調理道具はお鍋のみ！
材料を全部入れれば即完成。**

［ 材料・作り方 ］2人分

コーンクリーム(缶)	2缶
牛乳	300cc
コンソメ	大さじ1
粉チーズ	大さじ1

【トッピング】

クルトン	適量
パセリ	適量

① 鍋にコーンクリーム、牛乳、コンソメ、粉チーズを入れふつふつしてきたら、弱火で5分煮る。

② クルトン、パセリをトッピングして完成。

沼落ちPOINT
粉チーズで
お店レベルの
味わい

(No.084)

虚無のりみそ汁

驚くほど簡単。
「こういうのがうまいんだよ」
by リュウジさん

沼落ちPOINT
かつお節でだしを
とったみたいな
味に！

[材料・作り方] 2人分

お湯	250cc
みそ	小さじ 2
青のり	小さじ 1
顆粒和風だし	小さじ½
かつお節	ひとつまみ

① 材料をお椀に入れ、お湯をそそぐ。

② かつお節をトッピングして完成。

沼落ちPOINT
ぽん酢が
胃腸にしみる！

(No.085)

二日酔いスープ

お酒を飲みすぎた
翌日のリセットスープ。

[材料・作り方] 2人分

ポン酢	大さじ 2
すりおろし大根	大さじ 2
顆粒鶏ガラスープの素	小さじ 1
しょうが	1 片
水	250cc
ごま油	少々
【トッピング】	
刻みねぎ	適量
いりごま	適量

① すべての材料を耐熱容器に入れ、
　600Wのレンジで3分加熱して完成。

② お好みで刻みねぎといりごまを散ら
　して。

チーズ

《 No.086 》 無限パリパリチーズ

材料3つで！ さっぱりこっくりお酒が止まらん！

[材料・作り方] 2人分

ミニトマト	2個	ピザ用チーズ	適量
アボカド	1個	ブラックペッパー	適量

①

ミニトマトとアボカドは5mm幅に薄く切る。

②

フライパンの上にチーズを丸く置き、1をその上にのせる。

③

弱火で熱しながら丸く形を整える。チーズがカリカリになったらブラックペッパーを振りかけ、きつね色になるまで焼いて完成。

沼落ちPOINT

弱火でじっくり焼いて、パリパリに！

(No.087)

目玉チーズ焼き

**シンプルおいしい！
スキレットでそのまま食卓へ。**

[材料・作り方] 2人分

卵	1個
ピザ用チーズ	20g
オリーブオイル	小さじ1
あらびき黒こしょう	適量
タバスコ	たっぷり

① スキレットにオリーブオイルを熱し、卵、ピザ用チーズの順にのせて、ふたをして弱火で3分焼く。

② お好みであらびき黒こしょう、タバスコをたっぷりかけて完成。

沼落ちPOINT
焼きすぎるとチーズが固くなるので注意

沼落ちPOINT
自分好みに無限に楽しめる！

(No.088)

カリカリチーズ

**スライスチーズが
レンチンで簡単おつまみに！**

[材料・作り方] 2人分

スライスチーズ	4枚
お好みの調味料（青のり、七味、ガーリック、ブラックペッパーなど）	適量

① スライスチーズを4等分する。

② クッキングシートの上に並べる。

③ お好みの調味料をかける。

④ 600Wのレンジで2分半加熱して完成。

(No.089)

ガレット風
ねぎチーズ焼き

だし×マヨネーズで和風こくうま！

[材料・作り方] 2人分

ピザ用チーズ	50g
長ねぎ	1本
卵	1個
顆粒和風だし	小さじ½
サラダ油	適量

【トッピング】

マヨネーズ	適量
七味唐辛子	適量

① トッピング以外の材料をすべて混ぜ合わせる。

② フライパンにサラダ油を熱し、**1**を焼き、トッピングをそえて完成。

(No.090)

トマチーズナムル

**スーパーのミニトマトが
大人の漬けチーズに変身。**

[材料・作り方] 2人分

ミニトマト	10個
クリームチーズ（角状）	3個
A めんつゆ（3倍濃縮）	小さじ2
わさび（チューブ）	3cm
ごま油	小さじ½

【トッピング】

かつお節	適量

① ミニトマトを半分、クリームチーズをさいの目切りにし、**A**と混ぜ合わせる。

② **1**の上にかつお節をトッピングして完成。

PART 4

頑張れない日でも
ラクうま！

一品ごはんの沼

今日はお料理を作る気力が起きない……。
一人ごはんだから、とにかく簡単がいい！
そんな日におすすめなのが、一品で完結する料理。
お手軽なのに
食べごたえ十分なレシピをご紹介。

シンプルな本気チャーハン

シンプルな炒飯が一番うみゃい……。
ねぎを最後に入れると香り高く仕上がる!
チャーハン苦手さんでも絶対失敗しない最強レシピ。

[材料・作り方] 1人分

ごはん	250g	A オイスターソース	小さじ1
卵	1個	万能中華だしペースト	小さじ1
しょうが	3g	酒	小さじ1
長ねぎ	40g		
サラダ油	大さじ2		

① しょうがと長ねぎはみじん切りにする。フライパンにサラダ油を入れ、しょうがとごはんを強火で炒める。

② 溶き卵を入れ、強火で2分炒める。

③ Aと長ねぎを入れ、強火で1分炒めて完成。

── チャーハン失敗対策 ──

- 調味料は事前に混ぜ合わせておく
- ごはんは中火で炒める
- 卵は後から入れる

沼落ちPOINT

あせらず
卵後入れで
パラパラに♪

だし焼き卵丼

だまされたと思ってぜひ食べてみて〜〜〜！
だしまきが上手にできなくても、これなら大丈夫。

[材料・作り方] 1人分

ごはん	茶碗一杯	砂糖	ひとつまみ
卵	1個	顆粒和風だし	ひとつまみ
サラダ油	適量	しょうゆ	適量

【トッピング】

かつお節	適量
青ねぎ	適量

フライパンにサラダ油をひいて目玉焼きをつくる。

顆粒和風だし、砂糖を目玉焼きに振りかける。

ごはんの上に目玉焼きをのせる。

かつお節と青ねぎを添え、全体にしょうゆをかけて完成。

沼落ちPOINT

砂糖と顆粒和風だしで
本当のだしまき卵
みたい……!

大人のフレンチトースト

「ガーリックトースト」と「フレンチトースト」の間の味!
甘じょっぱいので、お酒のお供にも♪

[材料・作り方] 1人分

食パン(6枚切り)	2枚	A 牛乳	150cc	砂糖	小さじ2
バター	5g	卵	1個	塩	小さじ½
		おろしにんにく	1片	ブラックペッパー	適量

① Aを混ぜ合わせて卵液を作る。

② 食パンを1に入れ、最低15分〜漬け込む。

③ フライパンにバターを熱し、2を焼いて完成。お好みで、さらにバターをのせたり、ブラックペッパーを散らしても。

白ワインとのペアリングが最強!甘いものが苦手でも食べられるレシピ♪

沼落ちPOINT
焼くときは
弱火でじっくりが
焦げなしの秘訣

沼落ちPOINT
レンジでなすを
チンしたら
トロットロに♪

(No.094) ## なすのかば焼丼

とろとろなすがたまらない……!
見た目ほぼ「うな丼」の節約極うまレシピ。

[材料・作り方] 1人分

なす	2～3個	砂糖	大さじ1	山椒	適量
ごま油	大さじ1	しょうゆ	大さじ1	ごはん	180g
酒	大さじ1	みりん	大さじ1		

①

なすはヘタを取り、皮をむく。600Wの電子レンジで4分加熱する。

②

皮をむいたなすを開き、ごま油をたらし、熱したフライパンで開いた面から焦げ目をつける。

③

しょうゆ、みりん、酒、砂糖を混ぜかけ、煮詰めてごはんにのせたら完成。お好みで小ねぎをのせて、山椒を振って。

(No.095) # 鶏めし

忘れられなくて再現した、地方で食べた定食屋さんの味！

[材料・作り方] 2人分

ごはん	2合
鶏もも肉	1枚
ごぼう	½本
にんにく	1片
三つ葉	お好みで

A	
酒	大さじ2
砂糖	大さじ2
しょうゆ	大さじ3
みりん	大さじ2
顆粒和風だし	小さじ1

サラダ油	適量

① ごぼうは、うす切りにして水にさらし、アクを抜く。鶏もも肉は1cm角に切る。

② フライパンにサラダ油を熱し、鶏肉とおろしたにんにく、ごぼうを中火で炒める。

③ Aを入れ、強火で汁気が少し残るまで5分煮詰める。炊いたごはんと混ぜ合わせて完成。

沼落ちPOINT
にんにくの香りで食欲UP！

塩昆布が
味に深みを
出してくれる♪

(No.096) **絶品はらこ飯**

プチ贅沢が炊飯器で一発！ 炊き込みごはんの黄金比率はこちら♪

［ 材料・作り方 ］2人分

米	2合
鮭	2切
水	300cc
しょうが	10g

塩昆布	約大さじ1
三つ葉	適量
イクラ	適量

A酒	大さじ1
しょうゆ	大さじ1
白だし	大さじ5
みりん	大さじ1

① 鮭は皮がパリッとするまでオーブントースターで焼く。

② 米に**A**と水、せん切りにしたしょうが、塩昆布、**1**を入れて炊く。

③ 炊きあがったごはんに、イクラと三つ葉をのせて完成。

(No.097) # 梅とろろ納豆ごはん

食欲増進！ 梅干しでさっぱり♪

[材料・作り方] 1人分

山芋	150g	めんつゆ（3倍濃縮）		かつお節	適量
納豆	1パック		大さじ2	刻みのり	適量
梅干し	2個	ごはん	180g	卵	1個

① 山芋は半分すりおろし、残りは食品用ポリ袋に入れて、すりこぎで叩く。

② 納豆と山芋、細かく刻んだ梅干し、めんつゆを混ぜ合わせ、ごはんにかける。

③ かつお節、刻みのり、卵黄をのせて完成。

沼落ちPOINT
山芋は半分すって半分叩いて！

沼落ちPOINT
温玉のせが
おすすめ！

(No.098)

かさましキーマカレー

えのきでかさまし！
ルーはジャワカレーがおすすめ♪

[材料・作り方] 1人分

豚ひき肉	200g	**A** ウスターソース	
水	50cc		大さじ2
えのき	200g	カレールー	
しょうが	5g		2片(50g)
玉ねぎ	½個(150g)	ケチャップ	大さじ2
にんにく	1片	粉チーズ	大さじ3
ごはん	180g	砂糖	小さじ1
		塩・こしょう	適量

① 玉ねぎ、えのきはみじん切りにする。

② **1**を耐熱容器に入れ、そこに豚ひき肉、すりおろしたしょうがとにんにく、水、**A**を加える。

③ ラップをして600Wのレンジで12分加熱し、ごはんにのせて完成。お好みで温泉卵、乾燥パセリをのせる。

(No.099)

レンジでタコライス

スーパーの食材だけ＆
レンチンでお店の味を再現♪

沼落ちPOINT
タバスコで
メキシカン

[材料・作り方] 2人分

ごはん	180g	**A** 豚ひき肉	200g
レタス	適量	玉ねぎ(みじん切り)	
トマト	適量	½個(100g)	
パプリカ	適量	ケチャップ	大さじ5
ピザ用チーズ	お好みで	ウスターソース	大さじ3
タバスコ	10〜15滴	コンソメ	小さじ½
		黒こしょう	たっぷり

① 耐熱容器に**A**を入れて混ぜ、ラップをして600Wのレンジで8分加熱する。

② タバスコを垂らす。

② ごはんを器によそい、**2**とレタス、トマト、パプリカ、ピザ用チーズを盛りつけて完成。

そばめし

だしもしっかり効いている◎
レンチンで時短。

[材料・作り方] 2人分

ごはん	150g
焼きそば麺(生麺)	1袋
ハム	40g
卵	1個
キャベツ	50g
揚げ玉	適量
A お好みソース	大さじ5
ごま油	大さじ1
粉末だし	小さじ1

① ハム、焼きそば麺、キャベツを細かく刻み、耐熱容器に入れ、そこにごはんと A を加える。

② ラップをして600Wのレンジで4分加熱する。

③ 天かすを入れて混ぜ、目玉焼きをのせて完成。

豚キムクッパ

**豚キムチ×クッパの組み合わせ、
びっくりおいしい！**

[材料・作り方] 2人分

ごはん	150g
卵	1個
豚バラ肉	40g
水	300cc
キムチ	40g
コチュジャン	大さじ1
ニラ(3cm幅にカット)	2本
めんつゆ(3倍濃縮)	大さじ3

① 卵以外の材料をすべて鍋に入れ、中火で5分煮込む。

② 最後に溶き卵を回しかけ、卵に火が通ったら完成。あれば糸とうがらしを飾る。

工程＆洗い物が激減!! 時短アイテム4選

やる気や時間がなくても
アイテム使いひとつでおいしく作れます！
私がよく使う時短アイテムをご紹介。

レンチン

レンジを使えば、面倒なお鍋やフライパンの洗い物がなくなる。とくにパスタはチンするだけで茹で上がるので時短におすすめのメニュー！
活用ページ ▷ P.40、P.42、P.43…

ワンパン

フライパンの上で混ぜて、焼いたり煮たりして、そのまま食卓にポン！ おしゃれなフライパンを選べば、お皿の洗い物まで減らせちゃう！
活用ページ ▷ P.22、P.30、P.43…

炊飯器

炊飯器に材料を全部入れて、自動モードで炊くだけで、あら不思議！ ごはんだけでなく、お肉もお野菜もちょうどいい感じに炊き上がる♪
活用ページ ▷ P.24、P.110、P.119…

加熱用ジッパー付きポリ袋

熱湯＆冷凍にそのまま耐えられる加熱用ジッパー付きポリ袋は、仕込みから加熱まで大活躍する万能選手。私は材料と一緒に煮込んで時短したりも♪
活用ページ ▷ P.24、P.66、P.123…

PART 5

おもてなしにも
ぴったり!

アジアングルメ の 沼

韓国、タイ、中華……。
みんな大好きで、見た目も映える
おもてなしにピッタリなアジアングルメが、
おうちで簡単に作れちゃうよ♪

INDEX

アジアングルメの沼
韓国料理

(No.102)

絶品ビビンバ

炊飯器に材料を入れて放置するだけ！ ほったらかしレシピで
焼肉屋さんのあの味、再現しました。糸とうがらしをのせて本格見え！

［ 材料・作り方 ］2人分

米	2合	**A** コチュジャン	大さじ1	**【トッピング】**		
牛薄切り肉	150g	砂糖	小さじ1	温泉卵		1個
キムチ	50g	しょうゆ	小さじ2	糸とうがらし		適量
にんじん	30g	鶏ガラスープの素	大さじ1			
もやし	50g	水	300cc			
冷凍ほうれん草	100g	焼肉のタレ	大さじ4			

①

牛肉は一口サイズに切る。にんじんは斜めう
す切りにしてから重ねて細切りにする。

②

炊飯器にすべての材料と**A**を入れる。通常の
「炊飯モード」で炊いて完成。トッピングに
温泉卵、糸とうがらしをのせる。

ＳＮＳで人気！

Xで4万人がいいね！

炊飯器だけで作れるというお手軽さ＆
びっくり感が大ウケして、Xで4万い
いね！をいただいた自信のレシピ。炊
飯器だけじゃなく、土鍋などでも作れ
ます。倍量で作るときは、しょうゆで
味加減を調節してね♪

双松桃子🔍 料理研究家　レシピ本発売中📖 ✓
@momosan0627

炊飯器で一発ビビンバ！
これほんとに感動…美味すぎる…

焼肉屋さんのあの味、再現しました。

【絶品ビビンバ】
炊飯器の中に水320ccと焼肉のタレ、鶏ガラの素、醤油、コチュジャン、
砂糖を混ぜる▶米2合、牛肉、もやし、冷凍ほうれん草、にんじん、キム
チいれて炊いて完成

午後6:49・2023年8月10日・**522万** 件の表示

沼落ちPOINT

炊飯器で
一発！

豪華ポッサム

あっさりヘルシー！
たくさん食べても罪悪感ゼロの韓国お肉料理。

[材料・作り方] 2人分

A	豚バラブロック	400g
	水	800cc
	スライスしょうが	1片
	つぶしにんにく	1片
	酒	大さじ1
	みそ	大さじ2

B	【タレ】	
	いりごま	小さじ1
	おろしにんにく	少々
	コチュジャン	大さじ1
	砂糖	小さじ½
	酢	小さじ1
	みそ	大さじ1

	サンチュ	適量
C	キムチ	適量
	白髪ねぎ	適量

① Aをすべて鍋に入れ、アルミホイルなどで落としぶたをして30分ゆでる。

② BにAの煮汁小さじ1を混ぜ合わせ、タレをつくって完成。

③ 食べるときはサンチュの上にスライスした豚肉をのせ、2を回しかける。お好みでCも一緒に巻いて。

─ アレンジレシピ ─

残りのスープに、
・鶏ガラスープの素 ──── 小さじ1〜
・豆板醤 ──── 小さじ½
・味の素 ──── 10振り
・中華麺
を入れて、絶品みそラーメンに！

沼落ちPOINT

ゆでたスープまで
沼るレシピに
徹底活用！

(No.104) 名品ニラチヂミ

ハサミで切って混ぜて焼くだけ。卵なしでもカリモチッと作れる！

［ 材料・作り方 ］2人分

豚バラ肉 ————— 50g	シーフードミックス ——— 20g	サラダ油 —————— 適量
ニラ ————— 50g	水 ————— 大さじ4	鶏ガラスープの素
小麦粉 ——— 大さじ2	片栗粉 ——— 大さじ1	————— 小さじ½

① 豚肉は1.5cmの細切りに、ニラは2cm幅にキッチンばさみで切る。サラダ油以外の材料すべて混ぜ合わせる。

② フライパンにサラダ油をひき、中火で焼き色がつくまで両面を焼いて完成。あれば糸とうがらしを飾る。

タレの材料

- ・しょうゆ ——— 大さじ1
- ・酢 ————— 小さじ2
- ・ごま油 ——— 小さじ1
- ・コチュジャン
 ————— 小さじ1
- ・いりごま ——— たっぷり

材料を全部混ぜるだけで
完成！

（No.105）韓国風焼きおにぎり

おにぎりの具材何にしよう？　そんな時に！
何個も食べちゃう"罪おにぎり"。

[材料・作り方] 2人分

ごはん	300g	韓国のり	お好み	焼肉のタレ	大さじ1
ベビーチーズ	2個	ごま油	適量	大葉	お好みで
キムチ	80g	いりごま	大さじ1		

具材の材料を細かく切り、すべて混ぜ合わせる。

1を2、3等分にして、しっかりと握る。

フライパンにごま油をひき、おにぎりを両面焼く。焼き目がついたら完成。お好みで大葉を巻いて。

沼落ちPOINT

大葉を巻いて
食べるとワンランク
上の味に！

（ No.106 ）韓国風無限なすナムル

「ナムルにみょうが」……これがクセになる！

[材料・作り方] 2人分

なす	3本
青ねぎ	2本
みょうが	1本
いりごま	小さじ1

A		
A	コチュジャン	小さじ1
	ごま油	小さじ1
	砂糖	小さじ½
	しょうゆ	大さじ1

① なすは半分に切り、1cm幅の細切りに。

② 耐熱容器に**1**を入れ、ラップをして600Wの電子レンジで4分加熱する。

③ **A**、みじん切りにしたみょうが、刻んだ青ねぎ、いりごまを入れて混ぜて完成。

(No.107) # 韓国風カルパッチョ

「お豆腐でカルパッチョ」がびっくりおいしい！
韓国風タレで、やみつき止まらん♪

[材料・作り方] 2人分

豆腐 ───────── 150g

A コチュジャン ───── 大さじ1
 しょうゆ ────── 小さじ1
 酢 ─────────── 小さじ2
 すりおろししょうが ─── 7g

【トッピング】
糸とうがらし ───────── 適量
小ねぎ ─────────── 適量
ごま油 ─────────── 適量
白ごま ─────────── 適量

① 豆腐を5cm幅に切る。

② Aを混ぜ合わせる。

③ 1を器に盛り、2をかけてトッピングをのせ、ごま油をかけて完成。

沼落ちPOINT
この即席タレ最強！

(No.108)

レンジでチーズタッカルビ

これレンジ料理の領域を超えました……！

［ 材 料 ・ 作 り 方 ］2人分

① 鶏もも肉1枚、キャベツ70g、玉ねぎ½個を一口サイズに切る。

② 耐熱容器に焼肉のタレ大さじ2、コチュジャン大さじ2、鶏ガラスープの素小さじ1、砂糖小さじ1と1を入れて30分漬け込む。

③ ラップをして600Wの電子レンジで8分加熱する。

④ ピザ用チーズ適量を入れて、溶けるまで電子レンジで4分加熱して完成。

沼落ちPOINT
チーズ後入れで
硬くなるのを
防止

(No.109)

プルコギ丼

**うま辛くて、みんな大好きな味。
焼肉のタレで味が決まる！**

［ 材 料 ・ 作 り 方 ］2人分

① にんじん40gを細切りにし、4cmにカットしたニラ（2束）、牛こま切れ肉200gと合わせる。

② 1にコチュジャン大さじ2と酒大さじ1、砂糖小さじ2、みりん大さじ1、焼肉のタレ大さじ3、すりおろしたにんにく1片分をもみ込み、フライパンにごま油を熱して火が通るまで焼く。

③ 2をごはんの上にのせ、温泉卵をのせたら完成。

(No.110)

チョレギサラダ

**韓国料理屋さんの、
あのドレッシングも手作りできる！**

［ 材 料 ・ 作 り 方 ］2人分

① ちぎったレタス½個の上に斜めうす切りにした長ねぎ½本、細かく砕いた韓国のり適量を盛り付ける。

② ごま油大さじ1、サラダ油大さじ1、しょうゆ大さじ1、酢小さじ1、いりごま大さじ1、おろしにんにく1片、味の素10振り、塩小さじ¼をすべて混ぜ合わせ、1に回しかけ完成。あれば糸とうがらしを飾る。

アジアングルメの沼 タイ料理

（No.111）炊飯器でカオマンガイ

炊飯器にセットするだけ！
おうちで簡単エスニック♪

沼落ちPOINT
炊飯器だからうまみがギュッと凝縮

[材料・作り方] 2人分

A	米	2合
	鶏もも肉	300g
	水	230cc
	しょうゆ	小さじ1
	鶏ガラスープの素	小さじ1
B	オイスターソース	小さじ½
	おろししょうが	1片
	おろしにんにく	1片
	小ねぎ(小口切り)	適量
	砂糖	小さじ1
	しょうゆ	大さじ1
	酢	小さじ1
	唐辛子	お好みで

① 炊飯器にAを入れ、炒飯モードで炊く。

② Bをすべて混ぜ合わせ、タレをつくる。

③ Aのごはん、肉を盛り付け、2を回しかけ完成。お好みでパクチーとレモンを飾る。

（No.112）こっくり生春巻き

おうちで簡単に作れる！
巻き寿司方式で巻くと上手に巻けるよ。

沼落ちPOINT
クリームチーズが相性抜群

[材料・作り方] 2人分

むきエビ	6尾
ライスペーパー	2枚
クリームチーズ(薄切り)	2個
せん切りきゅうり	1本
せん切りレタス	60g
チリソース	適量
ブロッコリースプラウト	適量

① エビをゆで、縦½に切る。

② ラップに水をくぐらせたライスペーパー、レタス、具材をのせ、くるくる巻く。

③ 2にチリソースを付け合わせて完成。

(No.113)

和風ガパオ

ナンプラー不使用でもしっかりエスニックな味わいになる！
和風食材で作る、辛くないガパオ。

[**材料・作り方**] 2人分

豚ひき肉	200g	卵	1個	**A** オイスターソース	
なす	1本	大葉	8枚		大さじ1
パプリカ	半分	サラダ油	大さじ1	酒	大さじ1
にんにく	1片			砂糖	小さじ1
				しょうゆ	大さじ1
				みりん	大さじ1

① なすとパプリカは 1 × 1 ㎝の角切りにする。

② フライパンにサラダ油をひいて、みじん切りにしたにんにくを弱火で熱し、香りを出す。

③ **2**に豚ひき肉を入れ炒め、色が変わったらなすとパプリカと**A**を投入。水気がなくなったら火を止める。

④ みじん切りにした大葉と混ぜ合わせ、器に盛る。目玉焼きをのせて完成。お好みでレタスを飾る。

沼落ちPOINT

大葉を使った
ガパオだから
パクチー苦手
さんも◎

タイ風豆苗のガーリック炒め

みんな大好きな青菜炒めが
スーパーの豆苗で完成！

[材料・作り方] 2人分

豆苗	1袋
にんにく	2片
酒	大さじ1
ごま油	大さじ1
鶏ガラスープの素	小さじ1
しょうゆ	適量

① にんにくはつぶして割く。フライパンにごま油をひき、にんにくを入れ弱火で香りを出す。

② 豆苗と酒、鶏ガラスープの素を加え、強火で30秒炒める。

③ しょうゆをひと回しかけて完成。

沼落ちPOINT
鷹の爪を
トッピング
すると本格的

沼落ちPOINT
弱火で
じっくり焼くと
肉汁ジューシーに

本格ガイヤーン

漬けて焼くだけ！
お酒が止まらんエスニックおかず♪

[材料・作り方] 2人分

鶏もも肉	300g
A オイスターソース	大さじ1
砂糖	小さじ1
しょうゆ	大さじ1
おろしにんにく	1片
サラダ油	適量

【トッピング】

パクチー	お好みで
ライム	お好みで

① 混ぜ合わせたAをポリ袋などに入れ、鶏肉を3時間漬ける。

② フライパンにサラダ油を熱し、漬けた汁ごと鶏肉を弱火でじっくり焼く。

③ 器に盛り、お好みでパクチーやライムをトッピングして完成。

アジアングルメの沼
中華料理

（No.116） ## 激旨よだれ鶏

中華料理店を超える!?　激旨レシピができました！
ヘルシー、コスパ最強。安い鶏むね肉が大変身！

[材料・作り方] 2人分

鶏むね肉	1枚
A 水	100cc
おろししょうが	3g
酒	大さじ1
鶏ガラスープの素	小さじ1

B	
いりごま	小さじ1
ごま油	小さじ1
砂糖	小さじ2
おろししょうが	3g
しょうゆ	大さじ1
酢	大さじ1

すりおろしにんにく	1片
豆板醤	小さじ1

【トッピング】

小ねぎ	適量

① 鶏肉は常温に戻し、フォークを刺して穴をあけ、加熱用ジッパー付きポリ袋にAと一緒に入れて空気を抜く。

② 1が浸かる深さの鍋にお湯を沸騰させ、1を入れて3分湯煎する。火を止め、ふたをして1時間放置する。

③ 鍋から袋を取り出し、カットして器に盛り、Bを混ぜたタレをかけて完成。トッピングに小ねぎをのせる。

沼落ちPOINT
じっくり火が通るからお肉がやわらかく仕上がる♪

123

雲白肉

ウン パイ ロウ

**簡単な食材でパッと完成！ なにこれ？
めっちゃうまー！ って何度も褒められるレシピ。**

[材料・作り方] 2人分

きゅうり	1本
豚バラ薄切り肉	200g
水	鍋にたっぷり

A
しょうが	1片
にんにく	1片
黒酢 or 酢	小さじ1
砂糖	小さじ1

しょうゆ	大さじ2
ラー油	小さじ1
五香粉（ウーシャンフェン）	お好みで

① きゅうりはスライサーで縦に薄く切る。

② 深めの鍋にお湯を沸かし、豚肉を極弱火でしっかり火を通す。

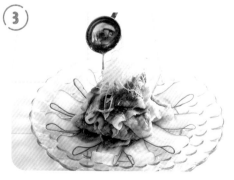

③ きゅうりと豚肉を器に盛りつけ、Aを合わせたタレをすべて混ぜかけて完成。あれば白髪ねぎをのせる。

お好みで五香粉を振って！ スーパーで買えるのに、お料理に投入すると本格的な中華味に！ ただ、入れすぎには注意✕

沼落ちPOINT

スライスした
きゅうりで
高見え♪

(No.118) ヘルシー棒棒鶏
バン バン ジー

レンジで絶品！ 簡単おつまみ！
火を使わないから、やる気のない日にぴったり。

[材料・作り方] 2人分

鶏むね肉	適量	もやし	適量	A おろししょうが	3g
きゅうり	適量	酒	大さじ1	ごまドレッシング	大さじ3
トマト	適量			砂糖	小さじ½
				豆板醤	小さじ1
				ラー油	小さじ½〜

① 1cm幅に切った鶏肉を耐熱容器に入れ、酒をかける。ふんわりラップをして600Wの電子レンジで5分加熱する。

② 1を冷まし、もやしの水分を切り、鶏肉をさく。きゅうりをせん切り、トマトをうすくスライスする。

③ もやし、きゅうり、トマト、鶏肉を器に盛りつけ、Aを合わせたタレをかけて完成。

(No.119)

肉汁餃子

ザクザク食感が楽しい♪
おかわりが止まらん自信の餃子!

[**材料・作り方**] 2人分

豚ひき肉	200g	B水	大さじ4
餃子の皮	30枚	オイスターソース	
サラダ油	適量		小さじ2
A 戻した春雨	20g	黒こしょう	
キャベツ	80g		たっぷり
玉ねぎ	30g	酒	大さじ1
ニラ	1束	鶏ガラスープの素	
			小さじ2

① Aをすべてみじん切りにする。

② 1に豚ひき肉とBを加え、よく混ぜる。餃子の皮で包む。

③ フライパンにサラダ油を熱し、中火で焼いて完成。

沼落ちPOINT
肉汁のコツは
大さじ4の水

沼落ちPOINT
骨つきの部位を
使うとコラーゲン
たっぷりに!

(No.120)

うるつや美肌鍋

コラーゲンたっぷり!
しょうが風味で女子が好きな味。

[**材料・作り方**] 2人分

鶏手羽先	4本
水	500cc
きのこ(お好みで)	100g
しょうが	1片
長ねぎ	1本
塩	少々
中華万能調味料(チューブ)	小さじ1

【トッピング】

針しょうが	適量

① 長ねぎは3cm幅、しょうがはうす切りにする。

② 塩以外のすべての材料を鍋に入れ、30分煮込む。塩で味を調えて完成。トッピングに針しょうが、あれば糸とうがらしをのせる。

双松桃子

料理研究家。SNSを中心に、手軽なのに絶品な「胃袋がきゅんとする」独自のレシピを発信し、話題を呼ぶ。料理研究家・リュウジの唯一の弟子。レシピの開発等、料理研究家として活動するかたわら、自身のラジオの冠番組を持つなど各メディアでも活躍。

Instagram：momosan0627
X：momosan0627

手間ゼロなのに褒められ確定 全人類ウケ沼落ちレシピ

2024年3月21日　初版発行

著　者	双松桃子
発行者	山下 直久
発　行	株式会社KADOKAWA
	〒102-8177
	東京都千代田区富士見2-13-3
	電話0570-002-301(ナビダイヤル)
印刷所	図書印刷株式会社
製本所	図書印刷株式会社

●お問い合わせ
https://www.kadokawa.co.jp/(「お問い合わせ」へお進みください)
※内容によっては、お答えできない場合があります。
※サポートは日本国内のみとさせていただきます。
※Japanese text only

定価はカバーに表示してあります。